AF440321

LA
JEUNE OUVRIÈRE

OU

LES MALADES ET LEURS SOUTIENS

PAR

F. JEAN VICTOR

BIBLIOTHÈQUE NATIONALE
R F
IMPRIMÉS

PRIVAS

IMPRIMERIE TYPOGRAPHIQUE DE ROURE

1875

Privas. — Imprimerie Roure,

LA JEUNE OUVRIÈRE

ou

Les Malades et leurs Soutiens

I

A quelques kilomètres de Vals-les-Eaux, ce
Vichy du Midi de la France, et sur la rive droite
de la Volane, une vieille et superbe tour domi-
ne, comme un géant, un amas de maisons
assises à ses pieds :

C'est le bourg d'Antraigues.

Ses édifices ne sont pas empreints du génie
de l'artiste. Cependant, le château seigneurial
attenant à la tour, et cette tour elle-même sont
des monuments assez remarquables. Toutefois,
si l'ouvrier terrestre a déployé son beau talent
sur des plages plus heureuses, l'Ouvrier céleste, le Divin Créateur, a jeté dans ces lieux,
comme à profusion, des beautés champêtres.
La campagne, en effet, a un aspect des plus
pittoresques et des plus variés, surtout lorsqu'au printemps, elle a pris son manteau de
verdure La Suisse, tant renommée, n'a rien de
plus beau.

Au couchant, une haute montagne, jadis en
feu, montre encore son énorme foyer, ses ma-
tériaux calcinés d'un rouge sombre, ses pierres
ponces de même couleur, ses basaltes noirs et
leurs colonnades d'une prodigieuse grandeur,
admirablement disposées pour soutenir la montagne. Du haut de ces basaltes, l'œil contemple

avec plaisir une cascade qui, s'élançant d
ces sommets élevés, s'arrondit en pont d'un
merveilleuse élégance, et developpe ensuite
en nappe d'argent ces bouillonnantes eaux.

Au levant, le paysage n'est pas moins remar
quable. Le Volcan, ce monstre dont, heureuse
ment, le cœur ne bat plus, a vomi, avec tan
de force, ses laves dévorantes, qu'elles son
parvenues jusqu'au plateau de la montagn
opposée. Mais ici la couleur de la pierre ee
différente ; c'est le gris foncé ; la pente, auss
est beaucoup plus douce en plusieurs endroits
et, dès lors, le terrain mieux cultivé, ou, dı
moins, couvert d'un riche tapis de pelouse
forme un site des plus gracieux.

Deux rivières, séparées par le monticule su
lequel Antraigues est bâti, coulent aux pieds d
ces deux montagnes, passant rapidement d'une
roche à une autre ; elles forment, parfois, de
gouffres profonds, dont les eaux, presque noires
ne voient que rarement les rayons du soleil
s'embrassant enfin , après avoir tourné la
montagne qui les sépare, elles voyagent ensemble, avec fracas, sur une route escarpée.

Au nord, ces montagnes, réunies en rochers
gigantesques, se dressent majestueusement, et
ressemblent, par leur forme bizarre, à une suite
non interrompue de clochers gothiques. Néan-
moins, la végétation y est splendide. Les châ-
taigniers, dont les troncs ont souvent plusieurs
mètres de circonférence, plongent dans les

fentes de ces rochers de très-longues racines qui s'ancrent fortement et sont pour eux des câbles éprouvés, tandis que leurs tiges, pleines de vigueur, s'élancent dans les airs à une hauteur surprenante, et font, avec leurs branches d'une vaste étendue, un ombrage des plus frais.

Au milieu de ces arbres séculaires, et au centre même de la montagne, s'élève une élégante chapelle, construite récemment, et dédiée à saint Roch.

Les habitants de ces lieux, protégés maintes fois par ce bienheureux, ont en lui une confiance absolue. Aussi, quoique la distance soit considérable et le chemin fort pénible, ils vont très souvent prier avec ferveur devant sa belle image; mais le 16 du mois d'août, fête du saint Patron, c'est un élan général.

Dès huit heures du matin, les pèlerins, venus des paroisses environnantes, encombrent littéralement les rues et la place publique, La foi, ce trésor si précieux dans tous les âges de la vie, dans toutes les classes de la société ; la foi, qui console dans les larmes, calme dans les douleurs, réjouit dans la tristesse, enfante l'héroïsme et purifie le monde ; la foi, dis-je, est encore pleine de vie, chez ces peuples privilégiés, malgré cette presse impure qui s'exhale chaque jour comme un air corrompu et chargé de miasmes mortels, malgré les paroles blessantes et viles des prédicants de l'athéisme et de l'impiété.

A neuf heures, les cloches de la paroisse font

entendre leur joyeux carillon : c'est l'heure du départ. Aussitôt, près de trois mille personnes se rangent en silence, et marchent, deux à deux, à la suite de la croix. ce noble étendard, qui, malgré les tyrans, flotte par toute la terre

Le recueillement est complet. Cette longue procession s'avance lentement vers le sanctuaire, qui a été paré, dès la veille, avec un goût exquis.

Les oriflammes bleues, les bannières blanches et rouges, parsemées d'étoiles d'or, les différents costumes des confréries, au milieu de cette riante verdure, le bruit de la prière, confondu avec le gazouillement des oiseaux, le chant bien nourri que les échos répètent et qui animent ces bois ; un autel de mousse dressé en plein air, et éclairé par les rayons du soleil qui, passant à travers un épais feuillage, ressemblent à une infinité de brillants flambeaux, placés à dessein par la main de Dieu, pour la venue de son Fils adorable. Quel spectacle grandiose et charmant ! C'est bien le cas de dire, avec le chantre inspiré : Que tes œuvres sont belles, ô mon Dieu !

Montagne bien-aimée, ton souvenir fait palpiter mon cœur !!!

Tant de piété n'est pas restée sans récompense. Sur la terre, les hommes se lassent d'accorder des faveurs, même à leurs amis ; au Ciel, les saints comblent toujours de nouveaux bienfaits ceux qui les implorent.

La peste, aux temps anciens, s'est avancée plusieurs fois, avec son cortége effrayant et presque inséparable : la douleur et la mort, jusqu'aux portes de la paroisse ; jamais elle en a franchi le seuil. Ailleurs, la médecine, avec tous ses progrès, était à bout de ressources et ne pouvait le chasser; ici, une puissance supérieure se joue du fléau, le commande en maître, arrête ses pas, l'écrase même et l'anéantit : saint Roch, qui, par ses mérites éclatants, a obtenu de Dieu ce pouvoir suprême, a renouvelé ainsi sa haute protection envers ceux qui, d'âge en âge, ont propagé son culte.

La génération nouvelle a conservé, avec un soin jaloux, la tradition de ses pères ; aussi, comme eux, en a-t-elle éprouvé les heureux effets. Plus heureux même que leurs devanciers, les habitants d'Antraigues ont reçu de leur saint protecteur, dans la personne d'une humble ouvrière, une faveur qui ne sera plus temporaire, mais se perpétuera dans les temps à venir ; et qui, au lieu d'être locale, comme par le passé, atteindra ses plus lointaines limites.

Ce ne seront pas les justes seulement qui en profiteront, mais aussi les méchants. Tous les âges : depuis l'enfant jusqu'au vieillard ; toutes les conditions : depuis les victimes de la pauvreté jusqu'aux princes de la fortune, pourront y avoir une large part.

Une fois connue, l'œuvre de cette humble

fille sera, comme tant d'autres de ce genre
saluée avec amour. L'homme qui adore Die
comme celui qui n'a pas de croyances ; la femm
mondaine comme la pieuse mère ; la vierg
modeste et pure comme la fille hautaine et san
pudeur s'estimeront heureux, à certaines heu
res de leur vie de pouvoir en faire usage. Alor
elle sera, peut être, leur aide le plus dévoué
le seul témoin de leurs derniers soupirs.

II

Dès que le soleil de mai a réchauffé la brise
dès que les fleurs odorantes ont parfumé le
airs, la vieille tour d'Antraigues délaissée pou
un temps, est comme envahie, tout à coup pa
une multitude de petits êtres qui arrivent e
chantant.

En un clin d'œil chaque hirondelle a retrouv
sa chambrette et son nid ; et comme aucun
main malfaisante n'est venue déranger ce mo
bilier si simple mais si précieux pour elles, l
joie éclate de toute part : C'est un chant joyeu
impossible à décrire. Ces petits oiseaux entrent
sortent, montent, descendent, vont, viennent
font mille et mille mouvements divers. O
dirait, tant ils rasent la terre et les maisons
qu'ils sont heureux, en arrivant, de dépose
sur ces vieilles connaissances le baiser du retour

A cinq ou six mètres de la tour, une femm
d'environ trente ans, assise sur le seuil de sa
porte, regardait, avec plaisir, ces charmante

visiteuses tout en balançant, de temps en temps un petit berceau d'osier placé à côté d'elle. On ne voyait point sur ce pauvre berceau la soie, les fines dentelles avec des franges d'or : deux ou trois pans de bure formaient toute la parure de cette couchette où reposait un bel ange.

Cette simplicité, d'ailleurs, était bien en rapport avec l'intérieur de la maison, dont le mobilier, presque aussi simple que celui de l'hirondelle, dévoilait clairement que la fortune de l'honnête famille ne dépassait pas de beaucoup la fortune des oiseaux.

Aussi dès que Lucie Fournier, c'était le nom de l'enfant, fut en même de contribuer, par son petit travail, au bien être de la famille, ses parents songèrent à la placer dans un atelier.

Ils attendirent cependant qu'elle eut fait sa première communion. Comme de bons chrétiens, ils comprenaient que, pour une action si grande, une préparation de quelques mois était insuffisante ; et qu'il n'y avait, pour les parents, de sacrifices mieux payés, quelques lourds qu'ils puissent être.

Lucie, qui était déjà un modèle pour les enfants de son âge, voyait approcher ce grand jour avec un bonheur inouï.

Comprenant, quoique bien jeune encore, que Jésus viendrait habiter dans son cœur comme il habite au ciel, elle cherchait à faire de son cœur un petit paradis agréable à Jésus.

L'obéissance, le recueillement, la prière et

surtout la prière à Marie et à Saint-Roch patron de la paroisse, l'amour de Dieu et le désir ardent de le bien recevoir : telles étaient les belles fleurs qu'elle cultivait dans ce petit paradis, avec un soin jaloux.

Enfin voici le grand jour.

L'âme de Lucie est blanche comme la neige ; sa joie est sans limite ; son cœur est tout de feu. Revêtu d'une robe blanche, le front ceint d'une couronne, tenant un chapelet d'une main, et de l'autre un flambeau elle s'avance toute tremblante près de la table sainte, et reçoit son Dieu pour la première fois.

Il était facile de voir sur sa physionomie combien elle était heureuse : on aurait dit un ange parlant avec Dieu, prêt à monter au ciel !!

Son bonheur a dû faire couler bien des larmes. Pourrait-on voir, en effet, ces enfants sans pleurer, alors qu'ils nous rappellent ce jour qu'on oublie rarement, le jour à jamais béni de la première communion :

O beau jour déjà si loin, et qui ne reviendra jamais plus, laisse-moi te saluer en passant !

III

Chez un très grand nombre les bons sentiments disparaissent ou du moins s'affaiblissent dans l'âge des passions, ou pour mieux dire, pendant la jeunesse. Cet âge est pour la vertu, ce que la tempête est pour les fleurs ; il la tourmente toujours, et souvent il l'emporte.

Il n'en fut pas ainsi pour la jeune Lucie Fournier. Elle fut dans l'atelier, comme partout ailleurs, un modèle accompli. Ses maîtres, protestants, l'avaient en grande estime ; et elle jouissait, auprès de ses compagnes, de tout l'ascendant que donne la vertu. Comme on va le voir, cette estime et cette autorité lui étaient bien dues :

Son travail était des mieux faits; elle y apportait toute son application et tous ses soins. Aussi les maîtres ne tardèrent pas de lui donner la première place dans leur atelier. Elle fut gouvernante.

Le choix ne pouvait être plus heureux soit pour les maîtres, soit pour les ouvrières. Tout en veillant avec une scrupuleuse attention aux intérêts qui lui étaient confiés, Lucie cherchait encore à faire le bien. Les filles légères craignaient ses reproches, et celles qui étaient pieuses recevaient, avec joie, ses précieux conseils.

Les paroles licencieuses, les discours frivoles, les chansons trop libres, qui dénotent toujours une mauvaise éducation et un mauvais cœur, n'étaient point tolérés par la gouvernante qui les considérait, avec raison, comme très-préjudiciables aux âmes innocentes, comme les ennemis déclarés de la morale, comme les propagateurs de l'inconduite, comme un violent poison qui ne devrait se trouver nulle part, et encore moins dans une société de jeunes filles.

Ce qui leur convient, à elles, ce sont : les entretiens édifiants, la prière et le chant des cantiques ; tout cela placé sur leurs lèvres est plein de beauté.

Un épi doré sur sa tige, une belle rose, sur son rameau, un petit oiseau à l'extrémité d'une branche sont les faibles images de cette beauté.

Lucie qui aimait ses compagnes, comme on aime des sœurs, s'efforçait d'introduire au milieu d'elles ces saintes habitudes.

Dans l'atelier la prière était faite en commun plusieurs fois par jour ; et souvent le bruit des machines se confondait avec de belles voix qui faisaient monter vers le ciel les louanges de Dieu. Tous les soirs, pendant le mois de mai, la statue de Marie était environnée d'un essaim de jeunes filles ayant à leur tête leur digne gouvernante ; et toutes ensemble, elles demandaient à leur mère de veiller sur elles et la nuit et le jour.

Ces pieux exercices étaient pleins d'attraits pour toutes les ouvrières en général, et en particulier, pour les membres, très-nombreux, de la confrérie de l'Immaculée Conception dont Lucie Fournier était la supérieure.

Elle tenait à la congrégation comme à quelque chose de très-honorable et de très-précieux. A ses yeux les jeunes personnes de bonnes familles qui dédaignaient d'en faire partie, étaient dignes de blâme ; la confrérie étant, sur la terre, la garde d'honneur de la Reine du Ciel.

Tous les hommes, sans exceptions, riches ou pauvres, savants ou ignorants, se mettent, avec orgueil, à l'ombre du drapeau national: ainsi toutes les jeunes filles, ces enfants si chers à Marie, devraient se ranger sous sa noble bannière; et s'envelopper, pour ainsi dire, dans ses larges plis.

Cependant ce n'est pas toujours ce qui arrive. On dirait, parfois, que des jeunes personnes du grand monde craignent de s'abaisser en portant la livrée de Marie. Non, non, on ne s'abaisse pas, quand on prend la livrée d'une Reine, la livrée d'une Mère !!

Quitter, pour un instant, sa brillante parure, et prendre, au nom de la sainte Vierge et pour elle, le modeste habit blanc ; voilà la grandeur.

Lucie Fournier ne l'entendait pas autrement. Elle se croyait très honorée, et non sans raison, de pouvoir, aux principales fêtes de Jésus et de Marie, porter sa robe blanche avec son ruban bleu.

IV

Toutefois, ce n'était pas l'unique moyen dont elle se servait pour bien célébrer ces fêtes. La pureté du cœur, l'innocence de l'âme était, par-dessus tout, l'objet de ses soins ; c'est là, principalement, ce que Dieu nous demande. Tout ce qui pouvait contribuer, de près ou de loin, à l'acquisition de ce trésor immense, était pour elle d'un très grand prix.

Souvent, très souvent même, elle se nourris
sait de la Divine Eucharistie. Ce Pain du Cie
absolument nécessaire à la vie de l'âme, comm
le dit l'Ecriture, ce pain d'un goût si suav
quand on a la foi, ce pain, dis-je, lui donna
toujours une force nouvelle pour suivre le che
min qui conduit au bonheur, pour observe
très fidèlement les lois de l'Evangile.

Comme toutes les ouvrières, elle avait, à mi
di, une heure de repos. Après son petit repa
toujours pris à la hâte, elle courait à l'églis
et demeurait, devant le tabernacle, tout le temp
dont elle pouvait disposer.

Le Divin prisonnier souvent abandonné, e
surtout à cette heure, la voyant chaque jou
prosternée à ses pieds, répandait sur son cœu
des flots de grâces et de joie. Alors que la plu
part languissent en sa présence, et qu'un ins
tant près de Lui, est plus qu'une heure ailleur
Lucie ne trouvait pas de moments plus heureux, n
des heures moins courtes. Telle est la puissanc
de la foi, tel est aussi le résultat de la prière

Sa foi, oh ! elle était vive, elle était ardente
Tout en elle le proclamait bien haut : sa tenu
des plus modestes, des plus recueillies ; sa cha
rité pour tous, son zèle admirable, son mépri
absolu pour tous les plaisirs du monde.
Tout ce qui peut flatter une fille légère ; l
luxe et la parure cette plaie de nos jours, c
fléau des familles, ce détestable tombeau de l
vertu, ce malheureux excitateur du vice, cett

arme pernicieuse du suppôt de l'enfer ; les lec-
tures malsaines, les compagnies dangereuses,
les divertissements plus ou moins convenables,
les réunions coupables où la décence est foulée
sous les pieds : tout cela Lucie l'avait en horreur.

Elle était vêtue proprement, mais sans re-
cherche aucune. Ses petites ressources étaient
mieux employées. Sa caisse d'épargne, assurément des plus sûres, c'était sa famille et les
pauvres ; le produit de son travail n'allait jamais ailleurs.

Toujours réservée dans ses paroles, toujours
affable, toujours souriante, sa compagnie était
des plus agréables, et loin de la fuir on la re-
cherchait ; son goût pour la prière était très
grand, et l'on peut dire qu'elle priait toujours.

La solitude est une chose aussi rare, aussi
difficile dans un atelier que sur une place publique ou sur un champ de foire. Cette difficulté,
pourtant, avait été surmontée et voici com-
ment : au-dessus de l'atelier se trouvait une
vaste armoire, et c'est dans cette armoire
que Lucie s'enfermait, comme dans une cellule,
pour prier à son aise, et sans être aperçue.
Cette cellule était bien plus modeste encore que
la modeste cellule des chartreux décrite par
Gresset dans les vers suivants :

> Si ma chambre est ronde ou carrée
> C'est ce que je ne dirai pas ;
> Tout ce que je sais, sans compas,
> C'est que depuis l'oblique entrée,
> Dans cette cage resserrée
> On peut former jusqu'à six pas.

Assurément, le meuble délabré dont Lucie faisait sa plus chère demeure, n'avait pas, tant s'en faut, une pareille étendue.

Elle y était plus gênée qu'un oiseau dans sa cage ; mais sa souffrance était bien compensée. L'oiseau captif pleure sa liberté ; il ne peut pas librement voltiger dans sa cage ou prendre son essort et planer dans les airs. Au contraire, dans la cellule, l'âme chrétienne est remplie de joie ; elle s'élève librement vers Dieu.

L'hirondelle a besoin, pour partir, d'un appui suffisamment élevé qui favorise le battement de ses ailes ; l'embarcadaire est au matelot d'un puissant secours pour atteindre sûrement son navire. De même la cellule, c'est-à-dire la solitude est comme un point d'appui, comme un embarcadaire d'où l'âme chrétienne, séparée en quelque sorte des objets terrestres, gagne aisément le céleste navire, la hauteur des Cieux, et, pour parle sans figures, s'entretient avec Dieu, demeure en sa présence, et jouit d'un bonheur ignoré des mondains.

V

Lucie Fournier éprouvait déjà ce bonheur ; elle en connaissait tout le prix. Son cœur n'était point partagé entre le monde et Dieu ; le monde n'y pouvait rien, Dieu l'avait en entier ; la preuve en est dans la résolution qu'elle prit d'entrer au couvent des trappistines de Maubec, près de Montélimar.

La vie très austère de ces religieuses, leur séparation complète de ceux qui leur sont chers, c'est-à-dire d'un père, d'une mère, d'un frère, d'une sœur qui ne les verront plus désormais qu'à travers un grillage, et derrière un voile, suppose, évidemment, que celle qui franchit le seuil de cette maison est déjà toute à Dieu.

Sans nul doute, elle n'a pas effacé de son cœur l'amour de sa famille ; cet amour l'accompagne au tombeau, et plus d'une fois le souvenir de ses parents lui arrache des larmes ; mais elle a su s'imposer un douloureux sacrifice pour porter un jour la couronne des saints.

Détrompez-vous, vous qui plaignez leur sort. Ces filles sont heureuses ; elles ont ici-bas un avant-goût du Ciel. Votre bonheur, à vous, quelque grand qu'il puisse être, n'est rien ou, du moins, presque rien, en comparaison de leur félicité.

Lucie avait fait tous ses préparatifs ; elle était même sur le point de partir, lorsque la maladie vint y mettre obstacle.

Comme le pauvre exilé qui est retenu au moment où il va voir sa patrie, comme le nautonnier qui est forcé par la tempête de s'éloigner du port, Lucie, rudement éprouvée, était dans la tristesse. Cependant sa résignation ne se démentit pas un instant. Elle demanda sa guérison à Dieu, par l'entremise de la Bonne Mère, et de saint Roch. Elle avait toujours eu pour ce saint protecteur une dévotion toute particulière.

Sa prière fut exaucée. Après quelques jours de souffrance, et une convalescence de courte durée, Lucie eut assez de force pour reprendre son travail ordinaire. Mais dès qu'elle fut complètement rétablie, elle songea de nouveau à partir pour la trappe.

Cette fois, encore, Dieu l'en empêcha en lui envoyant une maladie tout aussi grave que la première. Une âme moins forte que la sienne aurait laissé, peut-être, échapper quelques plaintes ; Lucie, au contraire, se soumet sans murmure à cette nouvelle croix, et se dispose à mourir saintement.

Cependant, Dieu ayant ses desseins sur elle lui conserva la vie. Il se laissa toucher par les supplications de saint Roch qui s'intéressait vivement à son humble servante. Inutile de dire que Lucie l'avait chargé une seconde fois d'intercéder pour elle, lui promettant, si elle guérissait de répandre son culte, de marcher sur ces traces.

Saint Roch obtint la guérison ; et sa protégée fut fidèle à ses promesses. A partir de ce moment, et sur l'avis d'un confesseur prudent et éclairé, elle forma le dessein de se consacrer, sans rés rve, aux soins des pauvres et des malades, comme saint Roch, son grand protecteur.

Ce héros de la charité, ce bienfaiteur des hommes naquit à Montpellier. A vingt ans, il donna aux pauvres, ses frères en Jésus-Christ, tout le bien qu'il avait, et vêtu comme eux, il se dirigea vers la haute Italie où la peste faisait des ravages affreux.

Il revint ensuite dans son pays pour y déployer sa charité ; mais le gouverneur, son parent, l'ayant pris pour un espion, le fit jeter dans un sombre cachot, d'où il partit pour le ciel, qu'il avait mérité, à l'âge de trente-quatre ans.

Tel est le modèle que Lucie Fournier voulait imiter, dans la mesure de ses forces et de ses moyens.

Elle fit part de son projet à trois de ses compagnes, dépourvues, comme elle des biens de ce monde, mais très riches des dons de Dieu.

Après avoir mûrement réfléchi devant ce Maître des destinées, elles s'associèrent, de cœur et d'âme, à ce projet Comme les petits oiseaux qui travaillent nuit et jour pour se donner un simple nid de mousses, ces jeunes ouvrières se mettent à l'œuvre et font, chacune, des économies pour se procurer un abri modeste qui leur permette de se réunir et de vivre en communauté.

En attendant, elles priaient ensemble dans l'atelier ; et chaque dimanche, après les offices, elles allaient, chacune de son côté, visiter les pauvres et les malades, mais toujours les plus délaissés.

Un tout petit filet d'eau, retenu dans un étang, qui est laché ensuite une fois par semaine, répand en maints endroits qu'il parcourt sans bruit, ce peu de fraîcheur qui sourit à la plante. Ces saintes filles, elles voudront bien me pardonner ce mot que leur modestie trouvera déplacé, ces saintes filles faisaient quelque chose de semblable dans leurs visites du dimanche. Leur légère aumône réjouissait toujours le pauvre malheureux qui la recevait comme une fortune : et le malade, réconforté par leurs sages paroles, souffrait plus volontiers.

Bien qu'en agissant de la sorte, leur but ne fût pas atteint complètement, il fallait se résigner devant une force majeure. Leurs ressources étaient des plus modestes ; cela se comprend : après avoir prélevé sur le fruit de leurs travaux les frais indispensables, leur pécule était presque réduit à néant. Mais, si les ressources étaient petites, grâces à Dieu, le courage était grand.

Plusieurs années s'écoulent sans qu'il y ait rien de changé dans leur genre de vie.

Enfin, les voici au comble de leurs vœux : elles pourront vivre ensemble. Il leur est possible d'acheter une maison, et, l'occasion venant à propos, elles l'achètent. N'allez pas croire que ce soit un château, et moins encore un palais, c'est tout au plus une pauvre cabane.

N'importe, elles sont très-satisfaites ; mais leur bonheur n'est pas de longue durée.

VI

Cette maison était pour elles comme une terre

promise qu'elles avaient gagnée par de longs et pénibles travaux. Leur grand désir de pouvoir y entrer s'explique facilement. Mais, hélas ! Lucie Fournier devait être privée de cette consolation ; ou du moins elle ne devait y passer que quelques mois à peine Pour la récompenser, Dieu voulut lui donner de bonne heure la vraie terre promise, c'est-à-dire le Ciel. Ses compagnes la voyaient dépérir à vue d'œil. Le mal fut bientôt sans remèdes ; tout espoir de la sauver, disparut.

La jeune malade ne pensait plus qu'à la mort, et au moment suprême où son âme privée de sa dépouille, paraîtrait devant Dieu.

Elle consolait elle-même ses chères compagnes qui se lamentaient de la perdre sitôt.

J'ai confiance, leur disait-elle, que si nous n'avons pas eu le bonheur d'être longtemps réunies sur la terre, saint Roch nous obtiendra la grâce d'être réunies, pour toujours, dans le Ciel ; continuez l'œuvre déjà commencée, saint Roch la protégera : je l'ai entreprise sous ses auspices et même par ses ordres, puisqu'il m'a tiré deux fois des portes du tombeau, sur ma promesse réitérée de faire comme lui. Priez pour moi, afin que Dieu me pardonne.

Le mal s'aggravait d'un moment à l'autre. Elle reçut les derniers sacrements avec un bonheur indicible ; près de son lit ses compagnes pleuraient comme on pleure une mère.

Le moment décisif approchait ; c'était un sa-

medi, ce jour si cher à son cœur parce qu'il est
consacré à honorer Marie ; une sueur froide
inondait son visage ; elle fait ses derniers
adieux ; quelque temps après, elle expirait
doucement, ayant son chapelet à la main.

A la fraîcheur de ses traits qui étaient le
reflet de son âme, on aurait cru, même après
sa mort, qu'elle disait encore le rosaire. Oui,
elle le disait, mais c'était au Ciel, à la manière
des anges et des saints qui saluent leur Reine!!

Chez tous ceux qui la connaissait, ce ne fut
qu'un cri : la sainte fille est morte. On conserve
encore le souvenir de ses obsèques, tant ils
furent beaux.

L'Eglise regorgeait de monde ; les congré-
ganistes, venues en aussi grand nombre que
possible, avaient toutes un cierge à la main et
formaient comme la garde d'honneur, de leur
digne supérieure. Le catafalque, éclairé de
mille feux, présentait plutôt l'aspect d'un trône
que celui d'un tombeau.

VII

La mort d'une mère fait un grand vide dans
une maison ; elle fait aussi au cœur d'un enfant
bien aimé une large blessure qui saigne longtemps. Oh ! heureux celui qui n'a pas encore
perdu sa mère, qui n'a pas encore reçu au cœur
ce terrible coup. O vous, enfants, qui pouvez
vous consoler dans les bras de votre mère, re-
merciez Dieu de cette faveur et entourez-la,

cette mère. de vos soins empressés. On ne comprend, qu'après l'avoir subie, la perte d'une mère.

Les compagnes de Lucie étaient désolées. Elles venaient de perdre la dépositaire de leurs peines et de leurs joies, une véritable mère par le cœur. Mais enfin celui qui leur envoyait cette épreuve, leur donna la force de la supporter, il redoubla même leur courage. Elles s'excitèrent mutuellement et vécurent définitivement en communauté.

Telle est l'origine du couvent de saint Roch, fondé à Antraigues par Lucie Fournier, il y a, environ dix-huit ans, et dont voici le but :

Cher lecteur, qui que vous soyez, dans certains moments, vous serez heureux, peut-être, de l'avoir connu.

Les membres de la communauté promettent de passer leur vie entière à soigner les malades à domicile, c'est-à-dire, chez eux : Les pauvres comme les riches ; partout où elles seront appelées.

Quelle pensée généreuse, quel dévouement, quel sacrifice !!!

Je ne sais s'il en est de plus beaux, de plus héroïques.

La sœur de charité que l'on voit dans les hôpitaux ou sur les champs de bataille ; la carmélite qui prie jour et nuit dans son cloître ; la religieuse enseignante qui est constamment au milieu de l'enfance ; voilà, sans aucun doute, des vies qui sont très méritoires aux yeux des hommes et aux yeux de Dieu : les soldats de ces saintes phalanges sont vraiment dignes d'admiration et de respect.

Le sacrifice de la sœur de saint Roch me paraît encore plus sublime :

Non seulement elle vivra au milieu des soupirs et des plaintes, en face d'un mal rebutant, ou d'une maladie contagieuse ;

Non seulement elle passera des jours et des nuits sans prendre de repos,

Non seulement elle sera obligée de supporter les caprices d'un pauvre malade, ses vivacités, ses emportements ; mais elle devra se trouver, la plupart du temps, dans une maison étrangère, et au milieu des étrangers. Dans bien des cas, pendant l'été, la chambre sera comme une étuve, et pendant l'hiver, comme un glacier.

Jamais à elle, jamais chez elle : Voilà sa vie !!!

Si j'ai montré les épines, je dois montrer les roses. Je ne parlerai pas de la bénédiction des familles, de leur bon accueil, de la reconnaissance des malades, ni du bonheur qu'éprouve la sœur de saint Roch quand celui ou celle qu'elle a soigné lui dit dans ses derniers moments : merci, ma bonne sœur, oh ! que vous m'avez fait du bien, que Dieu vous le rende, je vous le promets ; je prierai pour vous. Tout cela est quelque chose, sans doute, mais c'est bien peu.

La sœur garde-malade remplit une fonction qui suppose que les parents ont en elle et en sa piété, une confiance absolue : tout ce qu'ils ont de plus cher, un père, une mère, des enfants, lui est confié, sans réserve, dans un moment où ils vou lraient être sans cesse auprès d'eux, si le temps et la santé pouvaient le permettre,

Quel hommage rendu à la piété !!!

Cette sœur est un missionnaire dont les sacrifices de chaque jour, sont comme des pages éloquentes qui touchent bien des cœurs endurcis, et font aimer Dieu dans beaucoup de familles. S'il est vrai de dire qu'à l'œuvre on connait l'ouvrier, à la vue du dévouement sans bornes de la sœur, l'indifférent, lui-même, ne peut méconnaitre l'excellence de la religion qui le lui inspire ; et, grâce à cette sœur, le respect et l'amour de la religion pénètre là où il n'y avait auparavant pour elle que la haine et le mépris.

Quelle belle mission !!!

La sœur de saint Roch ne voit jamais un malade sans lui parler, autant que les convenances peuvent le lui permettre, de Dieu, de l'âme, de l'éternité ; et ainsi elle contribue souvent à faire des élus pour le ciel, qui sont ensuite autant d'amis pour elle.

Quelle belle œuvre, quelle récompense !!!

Cette religieuse imite, à la perfection, le Divin Sauveur qui chérissait les malades ; elle se rend digne de ces paroles du bon maitre :

« J'étais malade et vous m'avez visité, entrez maintenant dans le royaume des Cieux ! »

La satisfaction de rendre à son semblable un bienfait sans prix ; la pensée du Ciel qui est la récompense promise pour ces longs combats :

Voilà les roses !! oh ! qu'elles sont belles !!!

Heureuses, et bien heureuses les jeunes personnes qui voudront les cueillir ici-bas et s'en faire une couronne pour la porter, comme des reines pendant l'Éternité !!!

VIII

Une jeune plante ne résiste pas longtemps contre les vents en fureur qui la frappent avec violence ; bientôt elle s'incline sous les coups de ce maître inexorable qui s'en empare, comme un oiseau vorace, et l'emporte au loin. Mais si cette frêle plante est soigneusement attachée contre un appui qui la soutienne, le vent ne peut rien, ou presque rien contre elle ; il se retire épuisé, soufflant à peine, tandis que la plante est debout, fière de sa victoire, dont elle est redevable au bras qui la soutient : ainsi en est-il des œuvres que Dieu protége.

La mort de Lucie avait donné à l'œuvre, encore faible roseau, une forte secousse, mais cette secousse ne l'avait pas emportée

Nos trois jeunes ouvrières seront désignées, désormais sous le nom de sœurs de saint Roch, bien qu'elles n'aient pas encore le costume religieux : ce n'est pas l'habit qui fait le moine. Dieu leur envoya bientôt d'autres compagnes pour partager leurs peines et leurs joies ; elles étaient déjà six.

Nous avons dit qu'elles avaient une maison, mais il fallait un mobilier. Une maison, quelque modeste qu'elle soit ne peut pas se contenter du mobilier de l'hirondelle ; cet oiseau a le soleil pour foyer, l'espace est sa table garnie ; il porte toujours avec lui ses ustensiles et son trousseau ; il n'y a pas d'inconvénients que sa chamb ette soit vide Mais ce langage serait déplacé quand il s'agit d'une maison.

Les sœurs, bien entendu, se contentaient du strict nécessaire ; et leurs moyens étant des plus modiques, les dernières venues dûrent continuer, dans les ateliers, leurs travaux ordinaires ; mais les autres commencèrent, sans délai, leur œuvre charitable. Elles allaient, sans être appelées, chez les malades indigents ; et les familles plus aisées les demandaient fréquemment.

La violette est une fleur bien modeste : elle cache sa corolle odorante sous ses feuilles veloutées ; mais son parfum la dévoile et le passant la cueille : Ainsi les sœurs de saint Roch, malgré cette simplicité qui les honore, et cette modestie qui les grandit, furent bientôt appréciées, comme elles devaient l'être ; leur dévouement, sans parler des autres vertus, les faisait rechercher.

Elles étaient déjà bien connues. Le digne prêtre qui les aidait de ses conseils, fit connaître à l'autorité diocésaine le but qu'elles se proposaient et leurs qualités personnelles. Le saint évêque de Viviers, qui a le cœur si compatissant, approuva, avec empressement cette communauté naissante, dont les membres devaient donner aux pauvres et aux malades des soins si précieux.

Cette haute approbation et cette bénédiction d'un saint ne pouvait que leur porter bonheur.

Les orgueilleux se rient de la bénédiction d'un pontif, ils ne s'inclineraient pas pour la recevoir. Les aveugles ! ils ne savent pas que c'est Dieu qui bénit par la main de ses pontifs ; que celui-là s'élève qui s'incline pour la recevoir, et qu'ainsi agissent toutes les grandes âmes !!!

Les religieuses suivaient leur règlement avec une très grande ponctualité ; il ne leur manquait plus que le costume. L'armée se compose de plusieurs corps, et chaque corps a sa tenue qui lui est propre : ainsi, dans l'état religieux, chaque couvent a son costume particulier qui le distingue. Le couvent de saint Roch devait avoir le sien.

Un vêtement noir, une petite pèlerine avec un liseré rouge tout le tour, et semblable à celle que portait saint Roch leur grand protecteur ; une coiffe blanche de la plus grande simplicité et presque cachée par un voile, une cuirasse sur la poitrine, je veux dire une croix, une épée au côté, c'est-à-dire un rosaire : voilà le costume.

Il est des fleurs très communes qui cependant

ne manquent pas d'agrément : de même, bien que ce costume n'eut rien de recherché, il convenait parfaitement à des sœurs gardes malades.

Evidemment cette œuvre était bénie de Dieu ; mais elle n'était pas à l'abri des épreuves. La joie et le bonheur était dans la maison ; lorsque l'ennui et le chagrin entrèrent, l'un et l'autre, presque subitement.

IX

Le prêtre qui était, pour ainsi dire, l'âme de cette maison, fut transféré dans une autre paroisse beaucoup plus favorable sous le rapport du climat A la mort de Lucie Fournier, les sœurs avaient éprouvé la perte d'une mère ; elles perdaient maintenant un appui précieux.

L'orage, il est vrai, tourmente la plante, mais il atténue son mal lorsqu'il amène avec lui une rosée bienfaisante: l'éloignement de ce prêtre s'annonça d'abord, pour le couvent, comme un second orage, mais cet orage lui fit peu de mal. Saint Roch veillait sur son œuvre : ce départ n'était pas une mort.

Ce digne prêtre fit venir, dans sa nouvelle paroisse des religieuses de saint Roch qui reçurent de la part des habitants du Teil un accueil bienveillant Les malades n'avaient qu'à s'en louer ; et les familles s'estimaient heureuses de pouvoir trouver, à si peu de frais, un secours inappréciable.

Mais cet état de chose dura bien peu. Le

Ciel n''est pas longtemps sans nuages ; souvent la mer voit les flots agités : le brin d'herbe des champs et la tige du chêne n'ont pas toujours le repos qu'il leur plait : ainsi en est-il du contentement dans ce monde. Ce prêtre vénéré fut appelé devant le juge suprème.

Je pense à vous bon prêtre, vous m'avez fait tant de bien !! je ne vous dis pas adieu, mais au revoir !!

Les religieuses de saint Roch furent vivement affectées par la mort de cet ami fidèle ; leur douleur était bien légitime.

Cette fois, encore Dieu ne les abandonna pas ; au contraire, pour les dédommager de la mort d'un seul soutien, il leur en suscita plusieurs autres. Deux prêtres aussi instruits que modestes, deux prêtres, remarquables par leur simplicité et leurs vertus sacerdotales, ont prêté aux sœurs de saint Roch un concours des plus heureux ; et s'il plait à Dieu, ils le continueront longtemps encore, dans l'intérêt des sœurs de saint Roch, des pauvres et des malades.

Les prévisions de Lucie Fournier se réalisent. Son œuvre est debout, elle ne périra pas ; non, elle ne périra pas, elle est trop belle !! et puis elle a pour fondement l'esprit de pauvreté et de sacrifice, un ardent amour de Dieu et du prochain : ces grandes qualités des œuvres durables

Son humble origine assure son avenir ; le doigt de Dieu est là !

Que Dieu vous conserve, généreuses filles, qu'il laisse tomber sur votre œuvre une bénédiction abondante, que saint Roch, ce glorieux patron que vous imitez si bien, vous vienne en aide aujourd'hui et toujours !

Recevez, comme bien sincère ce témoignage de reconnaissance de la part d'un enfant qui n'oublie pas une mère que vous avez soignée dans ses derniers moments avec cette patience et ce dévouement que vous déployez partout où vous êtes appelées.

X

C'était dans une pauvre chaumière, un père de famille gisait sur son grabat depuis quelques jours ; sa physionomie était méconnaissable, tant la petite vérole l'avait défigurée. Deux petits enfants étaient près de son lit avec la mère éplorée qui voyait déjà son terrible malheur : Un ange apparaît, tout-à-coup ; il sèche lui-même, sur le front du malade la sueur qui l'incommodait, et lui rend, avec empressement une foule de services. Il caresse les enfants, il console la mère. Son apparition se renouvelle plusieurs fois, c'est lui qui ferme les yeux à ce cher malade.

Dès que la mort eut enlevé aux petits orphelins un père jeune encore, et à la veuve, sa compagne, il les prend tous par la main : Consolez-vous leur dit-il. Dieu n'abandonne pas la veuve et l'orphelin, venez avec moi. Il les con-

duisit......... au couvent de saint Roch
C'était une sœur de ce couvent !! La pauvr
veuve, atteinte, depuis lors, d'une maladie bie
triste, y demeure encore.

 Voilà un exemple du dévouement des sœur
de saint Roch. Maintenant il est facile de voi
que ce grand saint a accordé aux habitant
d'Antraigues une faveur toute particulière
dont ils doivent être reconnaissant en l'honc
rant de plus en plus ; et comme nous l'avon
dit en commençant beaucoup de pays pourron
en avoir leur part : le Teil, Viviers, Burzet
Lavoulte, Vals ont déjà ce bonheur.

Ce couvent sera comme un bel arbre, sou
lequel viendront se grouper une légion d
saintes filles, pour s'abriter contre les orage
du monde, et pour travailler, librement et san
réserve, à une œuvre éminemment belle aux
yeux des hommes, et des plus méritoires aux
yeux de Dieu.

BIBLIOTHÈQUE NATIONALE
R.F.
IMPRIMÉS

Imprimerie Roure, à Privas.

www.ingramcontent.com/pod-product-compliance
Lightning Source LLC
Chambersburg PA
CBHW061449050726
47593CB00004B/1513